Todo ese caos parece un acierto cuando susurra lo correcto

Alonso Trenado

Chaos Whispers In My Ear and Everything Falls Into Place

By Alonso Trenado

Translated by Toni Roberts

Corrección: Eladia Guerrero
Diseño de cubierta: Mónica Morales
Ilustración de cubierta: Alonso Trenado
Maquetación: Aliar Ediciones
Traducción: Toni Roberts

Depósito Legal: GR 250-2026
ISBN: 979-13-88058-74-5

Impreso en España

Edita
ALIAR Ediciones
www.aliarediciones.es
info@aliarediciones.es

A Hugo y Raquel.
A mi madre y mis hermanos.

Todo ese caos parece un acierto cuando susurra lo correcto

Alonso Trenado

EL SUSURRO DE CARYL CHURCHILL

Prólogo de José Martret

Conozco a Alonso Trenado desde hace años, el amor y el deseo lo trajo a mi vida. No el amor y el deseo hacia mí, sino hacia una amiga y compañera que en ese momento trabajaba como actriz en una función que yo había dirigido. Por eso tengo la sensación de que el amor y el deseo fueron su puerta de entrada al teatro.

Su iniciación en la escritura dramática está muy ligada a José Padilla, dramaturgo y maestro de dramaturgos que leyó y releyó sus primeras obras, acompañándolo en el viaje de la escritura. Subrayo *acompañándolo*, porque Padilla es un hombre muy inteligente que no impone un criterio o una visión, sino que viaja al lado del autor incentivando la libertad y la creación.

Esta que tenéis entre manos es la tercera obra que Trenado publica. La primera fue *Dulce Brigitte*, una desquiciada tragicomedia protagonizada por una productora de televisión que nos ofrecía una mirada muy ácida del mundo del entretenimiento. Siempre nos han dicho que escribamos sobre lo que conocemos, por eso nadie mejor que Alonso, que ha trabajado como periodista en la televisión, para sumergirse en el absurdo mundo del entretenimiento y sus productores. En la segunda obra, *La belleza de matar bien a papá*, se sumerge en otro tema que todos conocemos bien, la familia y los fantasmas… Aquí la protagonista es Susana, una *influencer* que regresa al núcleo familiar tras la muerte del padre. Alonso sigue jugando con el absurdo, esta vez con tintes del Almodóvar que jugaba con lo sobrenatural en *¿Qué he hecho yo para merecer esto?* Alonso en esta obra coloca una bomba, en pleno núcleo familiar, dentro de las heridas que todavía no han cicatrizado.

En esta tercera obra, el autor se embarca en una escritura más fragmentaria. Empieza a escribir en automático, escribe sin pensar, dejándose llevar, bajando el volumen de la conciencia para luego descubrir poco a poco cuál es el camino que está tomando. Tardó año y medio en escribir esta obra, porque estar en mitad del océano, sin sitio donde agarrarse, puede producirnos pánico y ese pánico nos puede paralizar, sobre todo si quieres seguir escribiendo sin hacer pie. A veces debemos parar para entender. Hay que parar y seguir documentándose para poder seguir adelante. Parar para nutrirse. Leer, ir al cine, a los museos, al teatro y esperar que surja ese susurro que nos diga cómo atravesar la siguiente puerta y continuar. El susurro llega hasta Alonso de los labios de Caryl Churchill, en específico de una acotación que aparece al inicio de su obra *Escaped alone*, donde ella advierte al lector/director que, aunque la obra sucede de la manera en que ella la ha escrito, realmente los acontecimientos que se narran no son cronológicos en el tiempo. Eso que a otro podría no decirle nada, para Alonso es definitivo, porque activa un interruptor creativo que dispara su imaginación y le hace retomar el relato para llegar al final.

Alonso ha tenido que abrazar el caos para escribir esta función, cambiar las leyes con las que había escrito sus anteriores obras y abrirse al abismo. Adentrarse en el caos no es una opción fácil, pero en este caso es una elección premeditada, apta solo para valientes.

En esta obra el autor se propone dar plena libertad al lector/director para imaginar el montaje. No hay acotaciones, los personajes no tienen nombre —con lo cual no sabemos si son hombre o mujer—, no sabemos cuántas personas diferentes aparecen en la obra, cuántos actores necesitamos... Alonso conscientemente da plena libertad de elección y esto forma parte de las pautas que se marca, unas leyes que todo escritor diseña al arrancar con una nueva creación.
Apuesta por romper la fábula, nos quiere perdidos, atentos, pensando, buscando... y pese a lo fragmentado de la narrativa, sí pretende que al final de la lectura cada uno encuentre una historia, su historia. El autor, que también ha escuchado el susurro de Roland Barthes, va colocando en el texto sus alfileres japoneses, unos alfileres con cabezas de colores repartidos por los diálogos, para que el lector los encuentre y conecte, de alguna manera, con los diferentes hilos narrativos que propone. «No quiero», titula la primera escena, como una declaración de principios del que ya ha cumplido con las normas elementales y ahora decide no respetarlas, más bien retorcerlas, reubicarlas, deducirlas. El autor nos invita a jugar, primero abriéndose él totalmente al juego escénico; sembrando incógnitas en las primeras escenas como quien va plantando pequeñas semillas que

germinarán poco a poco durante la lectura. Esa primera escena es un diálogo. Parece una pareja. ¿Hombre y mujer? No sé, alguien tendrá que decidirlo; una mujer seguro. La escena introduce la primera incógnita: ha sucedido algo, es un tema doloroso, complicado, incómodo… ¿sabremos a qué se refieren más adelante, o al final de la obra?? ¿Es importante/esencial saberlo? El juego está servido desde el principio.

Entre un BIP y un BUZZZ sucede la vida, lo inesperado, lo imposible, lo confuso… En cada amanecer sobre un sofá de peluche rosa se brinda: la posibilidad. Alonso ha diseñado un puzle al que uno, como lector, tiene que ir entrando poco a poco, para ir uniendo cabos y saber, a través de palabras muy medidas, qué es exactamente lo que está sucediendo. La memoria tiene un peso importante en la obra, el recuerdo es uno de los protagonistas. El peso del recuerdo puede ser determinante en nuestras vidas y a veces es tan rotundo, tiene tanta presencia, que haríamos lo que fuera para olvidar. En esta obra se abre la incógnita de hasta dónde está dispuesto a llegar el ser humano para olvidar; la importancia de vaciarse para volver al inicio. Alonso también pone sobre la mesa cuáles son los límites del mercado, de ese neoliberalismo en el que vivimos… ¿Todo se puede comercializar sin límites? La obra se va desgranando e invitando a diferentes reflexiones al lector. No pretende darnos nada masticado, quiere que nosotros titulemos la información y saquemos nuestras propias conclusiones. Para mí es una obra que bebe de la ciencia ficción, muy difícil de encontrar en teatro y que se acerca a los guiones de *Black Mirror*, donde se analiza cómo los avances tecnológicos y científicos pueden intervenir en nuestra vida y cambiarla para siempre. La responsabilidad del ser humano para dar un buen uso a las nuevas tecnologías me parece muy limitada… basta ver lo difícil que es hacer un buen uso de los terminales móviles, tanto por parte de los niños como de los adultos. Eso nos demuestra cómo Alonso está conectado con la sociedad en la que vive y cómo ha sido capaz de analizarla y plasmar sus inquietudes en una creación dramática. Trenado ha sido capaz de diseñar un puzle filosófico sobre el momento que vivimos, poniendo en el centro el destino de la humanidad, ante el buen o mal uso, que vamos a ser capaces de hacer, de los avances tecnológicos.

Volviendo al susurro y a Caryl Churchill, Jordi Prat i Coll, el director catalán que más veces ha puesto en pie sus obras, dice que estas se revelan en los ensayos, cuando los intérpretes empiezan a decir el texto en voz alta, que ahí es cuando realmente empiezas a entender todo y te das cuenta de lo buena autora que es. Invito a los lectores que queden fascinados por este texto y quieran seguir ahondando en este tipo de teatro fragmentado y liberado de acotaciones a que busquen en internet la obra *Seven Jewish Children: A Play for Gaza*, de Caryl Churchill. Una pieza breve y contundente que poco a poco vas a tener que ir desgranando como lector, para llegar a toda su grandeza.

La obra que tenéis entre las manos ha decidido tomar el camino del riesgo, no es complaciente, no ha querido serlo, apela a un lector exigente, al que le gusten los retos; para mí esto demuestra un signo de madurez en su escritura. Alonso Trenado tiene mucho que susurraros al oído, así que abríos a su susurro y disfrutad de la lectura.

Nota del autor

No den nada por sentado.

Si son diálogos o monólogos o quiénes dicen estas palabras quedan a su parecer. Los silencios, las pausas, los ritmos, así como el número de personajes son todo suyos. El orden de las escenas puede ser alterado si así lo consideran oportuno.

Yo he venido aquí a jugar, espero que ustedes hagan lo mismo.

No quiero

He dormido fatal esta noche.

¿Has dormido mal?

Sí.

Ya.

Me desperté de madrugada y ya nada.

Ya.

¿No me vas a preguntar por qué?

Lo supongo. Pero preferiría no hablar del tema.

Preferirías.

Preferiría, sí.

Pero…

No quiero hablarlo.

Ya.

Vale.

No te lo tomes a mal.

Déjalo, de verdad.

Es tu derecho tomar esa decisión.

Lo es.

¿Y yo?

No entiendo. A la que le hace daño es a mí.

Yo seguiré sabiéndolo y tendré que ocultártelo.

Pero no será necesario que me vigiles nunca más.

Tiempo

BIP

Amanece sobre un sofá de peluche rosa en mitad de un parque. Ella pasa y se sienta.

Cae la noche.

BUZZZ

Amanece sobre un sofá de peluche rosa en mitad de un parque y ella, tumbada, duerme en él.

Cae la noche.

BIP

Amanece sobre un sofá de peluche rosa en mitad de un parque y ella, girada, escribe en el respaldo.

Cae la noche.

BUZZZ

Amanece sobre un sofá de peluche rosa en mitad de un parque y ella se levanta sin saber exactamente dónde está.

Cae la noche.

BIP

Amanece sobre un sofá de peluche rosa en el parque y la otra entra y la despierta. Se levanta y se marchan.

Cae la noche.

BUZZZ

Amanece sobre un sofá de peluche rosa en el parque y la otra llega, pero allí no hay nadie.

Cae la noche.

BIP

Amanece sobre un sofá de peluche rosa en el parque y la otra está tumbada.

Cae la noche.

BUZZZ

Amanece sobre un sofá de peluche rosa y la otra lee lo que hay escrito en el respaldo.

Cae la noche.

BIP

Amanece sobre un sofá de peluche rosa. Llega ella y la otra despierta. Se marchan.

Cae la noche.

BUZZZ

Entre un BIP y un BUZZZ

BIP

Por ejemplo, ¿qué es este BIP?

BUZZZ

Por ejemplo, ¿qué es este BUZZZ?

BIP

¿Qué son ese BIP y ese BUZZZ?

BUZZZ

En realidad, nadie se pregunta cosas tan tontas. Son preguntas irrelevantes.

BIP

No lo entiende, ¿verdad? ¿Cómo que nadie se pregunta esto?

BUZZZ

Nadie se lo pregunta. Todo existe entre un BIP y un BUZZZ.

Todo.

Da igual lo que usted piense, y lo cierto es que da igual lo que nosotras pensemos.

Todo existe entre un BIP y un BUZZZ.

BIP

Todo existe entre el BIP y el BUZZZ.

BUZZZ

Nada hay fuera del BIP y el BUZZZ.

Nada.

Nada.

La angustia, la ansiedad, la desesperación.

El ego, la agonía, la asfixia.

BIP

Usted viene aquí a olvidar.

BUZZZ

Pues usted va a olvidar.

Olvidar todo lo que está dentro.

Entre un BIP un BUZZZ.

BIP

Y no quedará nada.

BUZZZ

¿Lo ve?

BIP

BUZZZ

En realidad nadie escucha.

BIP

En realidad todos hablan.

BUZZZ

Todos creen tener problemas considerables cuando no están entre un BIP y un BUZZZ.

Problemas gigantosos.

Problemas ptolemaicos.

Ahí llega la angustia.

BIP

Ahí se marcha.

BUZZZ

Fuera de un BIP y un BUZZZ todos se creen el centro del universo. Por eso vienen aquí, a eliminar lo acuciante.

Nada queda entre un BIP y un BUZZZ.

Nada va a quedar entre un BIP y un BUZZZ.

BIP

Ir desapareciendo entre un BIP y un BUZZZ para poder existir fuera.

BUZZZ

La confusión es lo que queda.

La confusión es confortable cuando susurra lo correcto.

El susurro es lo que queda.

BIP

No lo piense.

BUZZZ

Eso no es existir. Eso es desesperar. No lo piense.

BIP

Para dejar de sentir esa angustia tiene que vaciarse.

Y eso solo sucede entre un BIP y un BUZZZ.

Grandes cristales rotos

Por las mañanas, últimamente, el cielo es azul y, pese a que hace frío, la verdad es que da gusto salir, aunque no pueda saltar el muro, pero salir, que me dé el sol en la cara.

Me siento en el suelo, estiro el cuello y cierro los ojos para calentarme los pómulos, los párpados, la frente, los labios. Es el gran momento del día.

Nadie aquí se acerca. Nadie se acerca a otro. Quizás es por miedo a los demás o por miedo a uno mismo.

No sé cuánto me queda aquí.

¿Sabes esos vasos de cristal grueso y decoración muy detallada? Me encantan esos vasos pesados en la mano. Esos vasos de cristal que al caerse se rompen y pasan en un instante de preciosos a peligrosos.

Alguien los barre y los deja en un rincón.

Al sol, ojos cerrados, sueño con trozos de cristal arrinconado.

BIP

BUZZZ

Espero salir pronto.

Departamento creativo

Aquí se ve a una persona.

Una mujer.

Se ve a una mujer joven corriendo.

Huye.

Sí, huye.

¿De qué huye?

Huye de monstruos.

Huye de sus pesadillas.

Algo más concreto.

Cristales.

Cristales rotos. Puede ser.

Suena un BIP.

Suena un BIP y todo pasa a ser agradable.

Precioso.

Calmado.

Suena un BUZZZ.

Suena un BUZZZ y ella sonríe.

Sonríe mientras toma el desayuno con su mujer.

¿Es lesbiana?

Somos abiertos.

Somos abiertos.

Son dos mujeres que se aman.

Pongamos también un hombre que sonríe.

Hostia, un trío, perfecto.

Una relación fluida.

Poliamorosa. Moderna.

Somos abiertos.

Somos abiertos.

Con dos hijos.

Un hijo y una hija.

Y un perro.

Un labrador precioso.

Una relación moderna pero clásica.

Poliamorosa tradicional. Fluida pero no demasiado.

Y religiosa.

Con valores.

Una relación poliamorosa tradicional, fluida pero temerosa de Dios.

Gente de bien.

No esa genteeeee.

Gente que folla con más de una persona, pero con respeto a los valores familiares tradicionales.

Están en una casa preciosa, tranquila, con una ventana por la que entra el sol de la mañana.

¿Y la música?

Celestial.

Pero bailable.

Celestial y bailable.

Bufff, lo veo, acojonante.

Bailan todos.

Bailan y sonríen.

No hay nada que manche su felicidad.

Ahora un *travelling* saliendo por la ventana.

Se escucha nuestro eslogan.

Y aparece a toda pantalla.

Buah, me lo meto por el culo.

¿Cómo?

Que me gusta mucho.

Somos la hostia.

El cordón

Ya nos habían avisado. Mienten para quedarse a solas. Ella mentirá para quedarse a solas.

Dormía con ella y solo se me ocurrió esto.

Un cordón.

Seguía repitiendo que no iba a volver a pasar.

Un cordón. Un cordón atado a nuestras muñecas durante la noche. Un cordón bonito para que no se quejase demasiado.

No sé cuánto llevaba sin dormir.

Necesitaba dormir. Pensar con claridad. Y solo se me ocurrió comprar un cordón bonito para que no me dijese que no.

Toda la noche atadas. Siamesas.

Antes de volver a casa yo ya la había vaciado de objetos punzantes, de pastillas, de cuerdas; estaba paranoica.

Un cordón y poder dormir. Era todo lo que necesitaba.

Y caí. Estaba tan agotada que no me hubiese despertado un martillo hidráulico en la habitación. Por fin conseguí dormir profundamente un par de horas.

Un vaso fue todo lo que necesitó.

El consenso del mercado

El consenso del mercado afirma que la gente en masa quiere susurros ronroneantes que soterren los malos recuerdos.

Es lo que quiere la gente en masa. No lo decimos nosotras, lo dice el consenso del mercado que es como el sentido común.

Una gilipollez.

No nos hace falta el consenso del mercado para saber que la gente quiere vivir sin mancha.

Inmaculada.

Seguir con su vida como si nada malo le hubiese pasado.

Me parto con la gente.

La gente es estupenda.

La gente, el consenso del mercado y el sentido común.

Me parto.

Y, como vivir como si nada malo te hubiese pasado es imposible, nosotros vendemos la solución para algo que no puede suceder pero que la gente quiere que suceda.

¿No es genial?

Es genial.

¿La gente lo quiere? La gente lo cree.

El consenso del mercado nos da la razón.

El sentido común está de nuestra parte.

Este negocio funciona así.

Con pasta puedes comprar nuestra «inmaculación».

Palabro que probablemente no existe pero que deja bien a las claras lo que queremos decir.

Pero tarde o temprano volverás a tener un momento duro y vas a querer volver a eliminar la mancha.

Y nosotros lo sabemos.

Bip. Buzzz. Susurro.

No problem.

Kein problem.

Nessun problema.

Nes pas problem.

Vuelves aquí y volvemos a dejarte inmaculado.

Bip. Buzzz. Susurro.

Y así *ad infinitum.*

Hasta el infinito.

Y encima olvidas que ya viniste antes.

Somos la hostia.

La hostia.

La gente es la hostia.

Y el consenso del mercado y el sentido común.

La hostia todos, pero, sobre todo, nosotras.

Lo que no siente el consenso de la gente en el mercado es que lo que se tiene dentro se tiene.

Lo tienes.

Lo tienes.

Por mucho que «inmaculicemos» lo que te pasó, no podemos «inmaculizar» lo que eres, colega.

Eso, colega.

Así que vuelves y vuelves y vuelves.

BOOOM. El mercado, colega.

Billets y ojitos con el símbolo del dinero.

Lloro cuando pienso que esto es legal.

Ansiedad

No sé por qué siento esta ansiedad.

No me la quito con nada.

No sé por qué la ansiedad gana.

Cojo el coche y gasto. Llega otra factura que no puedo pagar, entro al trabajo pronto para que todo el mundo me vea al llegar. Otro café.

No entiendo este campo de batalla embarrado en el que voy perdiendo la dignidad, a poquito cada día.

Soy una mujer, no hay mucho más que decir. La mujer. El objeto en la historia de los hombres. La justificación masculina de toda violencia desde miles de años antes de Helena.

¿Por qué siento esta ansiedad a todas horas?

Voy al gimnasio y me hago una foto. Esta no. Me hago una foto. Esta no. Me hago una foto. Esta no. Me hago una foto. Esta no. Me hago una foto. Le pongo un filtro. La publico. Espero los «me gusta». Espero los comentarios. Alguien anónimo me lanza un piropo. ¿Quién se ha creído? Me asusto. Borro la foto. Pienso: ¿Quién se ha creído? La vuelvo a subir con un texto larguísimo sobre la gente anónima que escribe cosas fuera de lugar en las redes.

Me masturbo. Luego me siento mal.

Me mata la ansiedad.

Me llama una teleoperadora y me ofrece borrar pequeños trozos de memoria para sentirme bien. Borrar lo que me duele. Borrar lo que me avergüenza. Sin efectos secundarios. Un proceso superseguro controlado por una inteligencia artificial.

Le digo que sí. Le digo que OK. Le pregunto cuánto. Me dice que, al contrario, son ellos los que me pagarán, es un experimento muy prometedor.

Le pregunto si en vez de borrar trocitos de memoria puede trasladar mi conciencia al satisfyer. Se ríe con la broma. Cree que estoy de broma.

Le pregunto qué pasaría si yo ya no estuviese. Me contesta que no me entiende.

La ansiedad me come. No llego a fin de mes. Tengo que estar bien. Me recuerdo de pequeña. Como una sombra, yendo a un colegio absurdo a aprender anécdotas que el profesor aprendió de memoria de otro profesor que las aprendió de memoria de otro profesor que las aprendió de memoria de un libro de historia que cuenta como real la historia como si pudiésemos contar lo que sucedió realmente y no fuese en realidad una ficción aceptable que nos contamos para aceptarnos como sociedad, como cultura, como nación.

Me duele estar pegada a una pantalla.

Le pregunto de nuevo a la teleoperadora qué pasaría si-yo-ya-no-estuviese y, de repente, todo este caos parece un acierto cuando susurra lo correcto.

El sofá

¿Qué miras?

¿Um?

¿Qué miras?

¡Ah! ¡Ummmm!

¿No me has escuchado?

Sí. Sí.

Ok.

¡Um!

Vale.

Perdona.

¿Qué estás mirando por la ventana?

El sofá.

El sofá. ¿Qué le pasa al sofá?

Ummmm. Nada.

Ok. Vamos a dejarlo. ¿Quieres un café?

Ummm.

Vale.

Ummm.

Me voy a poner un café. Tú sigue ahí. No sé. Mirando.

Hay alguien en el sofá.

Vale. Y eso es interesante.

Misterioso.

¿Misterioso?

Sí.

Ahá.

Ahá.

Ahá.

Es misterioso.

¿Es misterioso por?

Antes estaba sentada.

Nosotros les dejamos en el sofá. Incluso llegan a tumbarse.

Ya.

No parece muy misterioso.

Pero ella no se marcha.

¿No se marcha?

No.

¿Y qué hace?

Está girada sobre el respaldo.

Pero ¿qué hace?

Tiene algo en la mano.

¿Algo?

Está escribiendo con algo en el respaldo, creo.

Está escribiendo la muy cabrona. Jodiendo el sofá.

Bueno.

¿Bueno?

A ver.

¿A ver?

Todo el mundo quiere dejar algo de sí mismo para el futuro. Un recuerdo de sí mismo para cuando ellos ya no recuerden.

¿Un recuerdo en nuestro sofá?

Precisamente.

Cada vez

Hola.

Hola.

¿Has venido a buscarme?

Claro.

Me hace ilusión que hayas venido.

Siempre voy a venir.

Claro.

¿Qué es eso?

¿Eso? No sé.

Pero lo estabas mirando.

Lo leía, sí. No sé lo que es. Una frase.

¿Qué pone?

«Segundos antes de cada error algo me susurra que estoy en lo correcto». Es difícil de leer.

Es difícil escribir en un sofá de peluche.

¿Sí?

No sé. Parece una nota desesperada.

¿Tú crees?

Lo parece.

Se lee muy mal.

Será de hace unos años.

Ya. No sé.

Eso parece. Parece de hace unos años. No mucho, tampoco. Pensaba.

¿Qué pensabas?

¿Cómo he llegado aquí?

¿Quieres un café?

Claro.

Vamos.

Gracias por venir.

Ya te lo he dicho. Vendré siempre.

El susurro

¿Ustedes no querrían olvidar lo malo?

¡Recordar solo lo bueno!

Poder elegir lo que la memoria guarda y lo que hacer desaparecer como si jamás hubiese existido.

Quizás olvidar un poco lo que somos. Olvidar lo que somos. Algo de lo que somos y nos aterra.

Olvidar lo que nos hace daño.

Olvidar lo nuestro pero que hace daño a quienes queremos.

Olvidar la vergüenza que pasamos.

Olvidar y sonreír porque no recuerdas, pero todo te parece fantástico. Tomarte un refresco y mirar a las paredes sin saber qué estás mirando. Contenta de estar sin más, sin que la angustia y las ganas de llorar te superen hasta impulsarte a follar con la primera que pase y luego querer salir corriendo del asco.

En medio del drama hay gente a la que le gusta jugar. En mitad de tu drama hay gente que le echa imaginación y se pone creativa. Con un par de ovarios.

Por ejemplo, esa gente que inventa remedios para tu drama. Esa gente se tira horas y horas en un despacho pensando en lo que te pasa sin tener ni idea y buscando una solución fácil que en realidad seguro que no existe. Luego lo registran en la oficina de patentes, le ponen una etiqueta, calculan la elasticidad precio-demanda, distribuyen, hacen anuncios y pagan a *influencers* para que lo compres.

O esa otra gente, amigos, que le dan vueltas a tu drama hablando a tu espalda de lo que te pasa sin poder intuir ni una décima parte. Hablan e inventan sobre lo que te sucede, recrean la escena, imaginan el momento y los mensajes desesperados. Se ponen tristes después de haberse inventado todo lo que te pasa.

También esa gente que escribe sobre lo que te pasa y no se va a acercar ni de lejos a lo que llevas dentro, porque es imposible. Gente que canta, gente que pinta. Artistas recreando el momento. Todo muy vibrante y melancólico.

Y mientras, tú no quieres ver a nadie. Tú quieres olvidar quién eres para intentar seguir siendo.

Así funciona el susurro.

El susurro entre el BIP y el BUZZZ.

Así funciona y ustedes también lo querrían, si fuese tan fácil.

¿Quién fue primero?

Amor.

¿Uhum?

Necesito que hablemos. A ver. Hay cosas que no te estoy contando. He empezado a pensar y a unir cabos y estoy muy asustada. Escúchame. ¿Vale?

Te estoy escuchando, pero me estás acojonando mucho.

¿Tú me estás ocultando algo?

¿Yo?

Yo te estoy ocultando cosas. ¿Tú me estás ocultando cosas?

No sé a dónde quieres llegar. ¿Me dices que me estás ocultando algo, pero estás intentando sonsacarme si yo te escondo también cosas? No estoy entendiendo y creo que no me está gustando.

Sígueme en lo que estoy diciendo.

No te sigo, la verdad.

Vale.

Yo-te-estoy-ocultando-cosas-importantes-para-ti.

Vete a la mierda.

No, a ver, sígueme. Amor. Yo te quiero. Por eso te estoy ocultando cosas. ¿Tú me quieres?

¿Por qué preguntas eso ahora? ¡No jodas! Claro que te quiero. ¿Es una prueba? ¿Me estás poniendo a prueba? ¡Te quiero! ¡Te quiero! ¿Estás dudando?

Escucha, me estoy volviendo loca. Hay detalles que…

¿Detalles?

Me estoy volviendo loca desde hace semanas. Yo sé cosas de ti.

¿Qué quieres decir?

Escucha bien. ¿Sabes tú cosas de mí?

¿Cómo?

Escucha, joder. ¿Qué es lo que no podemos recordar pero la otra sí sabe?

LOLOLO

Tan. Sola.

Sola. Sola. Sola.

Sola, *so low, loooooow.*

Tan abajo y sola que no sabes qué hay arriba, que todo se te hace oscuro y loco, que solo te apetece estar sola y loca.

Que lo compras y lo sobas. Lo sobas.

Sobas la soledad solo si estás sola.

So low, oscuro, opaco, vacío, loca, vacía, vaso, bajo, *low*, lolo, lo, lo, lololololo, lolo, lo, loooo.

Juntas basura en casa y te juntas con basura en casa y la basura te llena por dentro y es casa. Y la casa de basura es cara y la basura cara te llena y tu cara es un poema.

La cara más triste que jamás haya visto. Estupefacta. Cara de «¿Cómo me está pasando esto a mí?».

Cara de «No me lo merezco… o quizás sí».

Y tu basura te habla y tú hablas con tu basura. Basura tecnológica que usar y tirar que terminará dentro de dieciocho meses en un contenedor destino a África gracias al dios de la contemporaneidad. El dios efímero que mueve el mundo.

Gracias a la obsolescencia programada demuestras corazón.

A ti dios padre programado obsolescente.

Gracias.

Gracias.

Por ti el mundo se mueve.

Por ti el mundo se programa.

Por ti el mundo se mueve y por ti hay un mañana.

Por ti.

Por ti que juntas basura y te juntas con basura, lololo.

Tan sola, *low*, lolololo.

So low, lolololo.

En tu casa con todos estos objetos que te hacen la vida más fácil, más tonta, y mueven tu dinero por el universo conocido, hasta el horizonte de sucesos.

Todo tiene sentido si compras ya, ahora mismo. Si no lo compras ahora pierdes la oportunidad de sentir que agarras el mundo. El mundo que se escapa, que se pierde, que no tienes, que no puedes tocar. Cada compra en la puerta es un alivio. Cada llamada del repartidor te agarra al mundo que se escapa. Que se te escapa.

Qué importan los árboles. Qué importan los bosques si tenemos Navidad y árboles de mentira y luces de colores brillantes que consumen una energía ingente. Una energía que sale de cortar árboles, bosques enteros, de contaminar el agua.

Un agua que al final bebemos embotellada y a la venta por un euro con cincuenta haciendo millonaria a la compañía que purifica el agua y a la empresa que suministra la luz para los árboles de Navidad —y a algún intermediario que conecta a los del agua con los de los árboles y con los del ayuntamiento que compra millones de luces por Navidad—.

Sigues comprando y mirando luces y pensando que el futuro no existe y consumiendo pensando que «madre mía, el futuro de los hijos que no tienes» mientras compras y miras luces.

Y todo te hace sentir tan vacía.

¿Y el aire? ¿Qué vamos a hacer con el aire? ¿Lo embotellamos también? Te preguntas mientras ves una serie en la que los zombis son otros en un futuro cercano en el que el agua y el aire están envenenados y ya no hay luces de Navidad.

Muy a menudo un susurro disipa la duda para convencerte de que haces lo correcto. Un susurro que borra esa alarma absurda que no te deja consumir tranquila.

Quieres comprar un satisfyer chino.

Muy barato.

El problema lo tendrán los chinos. Es su agua, es su aire y son sus bosques. Que se jodan los chinos que viven en una dictadura comunista porque quieren.

Como si su oxígeno no fuese el mismo. Como si no viviesen en el mismo planeta.

Te entran ganas de llorar y un impulso. Un *push*. Algo que quiere que hagas una barbaridad. Algo drástico. No aguantas más.

Y ahí llega. Ahí está. El susurro.

Como un latigazo automático. Apenas un BIP y un BUZZZ que no vas a recordar.

«¿Qué estaba pensando?».

Y le das al botón de comprar.

Protocolo

Buenas.

Buenas.

Hola, buenas.

Hola, venía por el susurro.

Sí, el susurro.

El susurro.

Se llama así, ¿no?

El susurro.

Absolutamente, el susurro.

El susurro, vaya nombre, ¿no? Dicho así, parece algo tonto, «vengo por el susurro», casi bobalicón. Para un tratamiento de tecnología avanzada no parece muy serio.

Pero somos muy serios.

Sí que lo somos.

Susurro. ¿Por eso la frase escrita en el sofá?

El sofá.

La gente se sienta allí justo después del tratamiento, sí.

¿De qué frase habla?

Le aseguro que somos muy serios.

La verdad, no sabemos de lo que nos habla.

Centrémonos en el tratamiento.

Usted quería un susurro.

Quiere usted borrar.

No, solo quiero informarme.

Claro.

Claro.

¿Se borra todo?

No, todo no.

Claro, no, todo no.

¿Se puede borrar por partes?

Por supuesto.

Es nuestra especialidad, le implantamos el susurro directamente en el cerebro y él ya busca las conexiones sinápticas que le indicamos para desactivarlas.

Tiene una *app*.

¿Se controla con una *app*?

Bueno, nosotros podemos controlarlo con una *app*, tenga en cuenta que lo que deje de recordar no existirá. Lo controlamos nosotros a petición suya. Tiene que firmar los permisos, claro.

También borramos el momento en que le demos toda la información.

No lo recordará.

Es puro protocolo. La empresa se dio cuenta de que el receptor sufría una tremenda angustia recordando haber venido a implantarse el susurro, pero sin poder saber qué es lo que había decidido olvidar.

Es mejor que no recuerde haber venido.

Nadie de su entorno podrá hablar de ello tampoco.

Claro.

Claro.

Claro.

El protocolo Valbosco.

Es solo un nombre, también lo olvidará.

No recordará haber llegado hasta esta clínica. No recordará haber pensado en venir a esta clínica, siquiera.

No se preocupe, es un procedimiento bien sencillo.

Y ¿cuánto cuesta?

Trescientos pavos.

¿Trescientos pavos? No me parece caro.

No lo es.

Así no ganarán dinero.

Cuantos más clientes, mejor va el negocio.

Trescientos pavos. ¿Se puede pagar con tarjeta?

No, mejor en mano, nadie quiere que quede constancia de que ha estado aquí, ¿verdad?

Tiene razón.

¿Qué quiere que el susurro oculte?

¿No lo borra?

Digamos que lo tapa, es más barato y menos peligroso.

¿Se llama susurro porque se escucha… un susurro?

No va a escuchar nada.

Nada.

Durante el procedimiento todo será relajante en la habitación. Va a sentirse estupendamente bien. No va a notar nada. Ni un pinchazo. Caerá en un sueño y se despertará en el sofá de peluche rosa sin recordar haber estado aquí.

Como dice nuestro eslogan: «La felicidad entre un BIP y un BUZZZ».

Un sofá de peluche rosa

Supongamos que la confusión sea un mullido sofá de peluche.

Un sofá de peluche custodiado por un ejército de pingüinos locos que morirían por ella.

En estas circunstancias nada la va a detener, no sé si me siguen.

¡Tiene un puto ejército de pingüinos asesinos adorables para defender la confusión! ¿Entienden?

¡Ese caos! ¡Ese sofá mullido de peluche rosa es todo su imperio y tiene pingüinos, joder! ¿Ustedes quieren razón y compromiso y que ella piense en la gente que tiene alrededor?

Ustedes tampoco se dejarían llevar por la razón si estuviesen sufriendo y todo ese suave peluche rosa los atrapase y alrededor hubiese animales graciosísimos diciéndoles que todo está bien. Que lo hagan. Que es lo que tienen que hacer.

Ella ya no quiere salir de ahí. ¿Cómo va a querer salir de ahí?

Ella sufre por el Ártico y por los callejones oscuros y por el signo + de las siglas LGTBIQ y por las putas prisas y por un presidente de piel naranja y por la guerra y por el oxígeno y el agua y por los mensajes *push* del móvil.

Los mensajes *push* del móvil.

Push.

Push es empujar.

¿Qué dices?

¿Lo has oído?

¿A ti?

No, el anuncio. ¿Lo has oído?

No. ¿Qué decía?

Un tratamiento. Es un tratamiento para lo mío.

Lo tuyo. Pero estás mejor.

Creo que debemos ir.

¿Dónde?

Dicen que puedes olvidar. Olvidar lo que tú quieras olvidar.

Olvidar.

Olvidar serviría para lo mío.

Creo que ahora estás bien.

No me estás escuchando.

Te escucho. Perdona.

Si olvidase, quizás no querría… ¿No quieres que vuelva a estar bien?

No digas eso.

Lo parece.

No. Estoy aquí. Siempre estoy aquí. Contigo.

Quiero olvidar.

Precisamente porque te quiero, déjame que te dé mi opinión.

Es mi vida.

Lo sé. No estoy intentando decidir por ti.

No lo hagas. Quiero olvidar para estar mejor.

Ok.

No intentes manipularme.

No intento manipularte.

Quiero olvidar.

Quizás no olvidas.

¿Cómo?

No, digo, que igual no olvidas.

A ver. ¿Por qué intentas joderme?

No te intento joder, perdona, digo que igual no se borran los recuerdos o, igual, no es tan seguro como crees.

Pero es que yo quiero que se borren.

Creo que es más un susurro.

¿Cómo sabes eso?

No lo sé.

Has dicho «creo». «Creo».

No. No lo sé.

«Creo que es más un susurro». ¿De dónde sacas eso?

No lo saco de ninguna parte. Es una suposición.

¿Una suposición de la nada? Es algo muy concreto. Crees que el tratamiento no borra los recuerdos. Crees que en realidad es un susurro.

Igual no. No lo sé. Ha sido una chorrada.

No ha sido ninguna chorrada. Ha sido algo muy específico. Esa palabra, susurro, no aparece así, sin más en una conversación sobre un tratamiento para borrar recuerdos.

Déjalo, de verdad. Ha sido una tontería. Podía haber dicho cualquier otra cosa.

Tú lo sabes. Sabes que es un susurro. No lo crees. Lo sabes.

Déjalo.

Amor.

Déjalo.

Amor.

De verdad, déjalo.

Dime una cosa. ¿Cuántas veces hemos tenido antes esta conversación?

Push, decía.

Mensajes *push*.

Push es empujar.

Mensajes que la obligan a atender el móvil constantemente.

Push. Mensaje. *Push*. Su novia. *Push*. Su madre.

¿Cómo quieres que en mitad de todo ese caos piense con claridad?

Ustedes no lo harían. De hecho, no lo hacen. Ustedes no piensan con claridad, pero no tienen la pulsión que ella tiene. Eso los mantiene a salvo.

En medio de ese desconcierto constante un pensamiento intrusivo va calando sin querer.

Y el caso es que no es la primera vez, tampoco la segunda, que ese pensamiento turista pasa de largo, pero esta vez la suma da cero y el pensamiento se queda.

Push. Su vecina.

Ni siquiera se da cuenta, pero empieza a ser una idea confortable. ¿Recuerdan el sofá de peluche? Se recuesta en ese pensamiento sin querer. No se está tan mal después de todo.

Push. Su amiga. *Push*. Su otra amiga.

Y alrededor, casi sin quererlo, ya están los pingüinos adorables tomando las armas para defender ese pensamiento cabrón de las 04:48 de la madrugada, esa mala idea, que empieza a parecer tan liberadora.

Push. Otra vez su amiga. *Push*. Su madre. *Push*. «Por favor. Coge el teléfono. Por favor, cariño, coge el teléfono».

Y a ella, de repente, ese pensamiento intrusivo le parece una idea estupenda para dejar de sufrir.

No pueden juzgarla.

Suma ya cientos de pingüinos con ella, ordenados por escuadrones, todos voluntarios para morir por esa idea estúpida. No va a haber quien la saque de ahí.

¡BAM!¡CLONC!¡SLASH!

Y desde ese momento ya nadie alrededor va a poder dormir tranquilo nunca. Ni con un cordón en la muñeca.

Todos nuestros grandes errores vienen precedidos de una idea. Una única idea. La idea de que los demás están equivocados. La idea de que nosotros estamos en lo correcto. Hasta la caída definitiva.

Negro, ¿eh?

Jodido.

Bueno.

Queda una esperanza. La esperanza de que seamos capaces de levantarnos del sofá de peluche rosa y de luchar a muerte contra preciosísimos pingüinos armados con cabezas nucleares, ¡ÑEEEEEEEEEE, PUM!, que cuestan una pasta y vuelan, sí, estos pingüinos vuelan y están costeados por grandes corporaciones financieras y farmacéuticas y grupos de presión poderosísimos.

Seguramente no vamos a ganar esa guerra, qué quieren que les diga, esos pingüinos cabrones van de coca hasta el culo y se ponen muy pesados, pero poniendo el foco en la lucha quizás quede a un lado la ansiedad. Quizás, solo quizás, con la lucha queden las ganas de seguir.

Habría que luchar.

Luchar.

LUCHAR.

BIP.

BUZZZ.

¿Qué estaba diciendo?

TELÓN

PÓNGANLE TÍTULO USTEDES

Epílogo de Raúl Tejón

Las nuevas narrativas nos dan todas las posibilidades del mundo. Son todo y nada a la vez. No hay reglas o les podemos poner todas las del mundo. Pueden ser heterodoxas y ortodoxas en un mismo momento.

Alonso Trenado consigue eso con sus textos. Y en especial con este. No hay unidad de espacio o de tiempo, pero también puede aplicársele el canon clásico de presentación, nudo y desenlace.

Pero, como ya nos avisa al inicio, las reglas las fijamos nosotros, no él. No solo como actores o directores, sino como espectadores también. Los textos pueden hacerlos uno, dos, tres o cuatro actores, e incluso un coro, pero es el espectador el que determinará a cuántos individuos corresponden esos pensamientos.

Porque entre un BIP y un BUZZZ puede pasar todo, como en la vida, o nada, como en la vida. Podemos tener una conversación con nosotros mismos o incluso con Dios. Y es en esa confusión en la que vivimos en esta era tecnológica donde los ritos tienen el significado que queremos que tengan. Donde nosotros elegimos nuestra realidad. O no. Puede que sea el algoritmo de alguna *app* el que lo decida. Por eso es un relajo que alguien te permita dictar tú las normas.

Imagino como reto estimulante tener que dirigir o actuar un texto así. Donde la gramática, aunque respetando sus normas, no nos da el más mínimo indicativo del contenido. Forma en estado puro. Pero no forma sin contenido. Forma con todos los contenidos que queramos darle. Ahí está el reto de todos. Todos hablamos de libertad, pero, cuidado, que con ella vienen las elecciones. Y en ellas nos podemos sentir absolutamente desnudos.

Y Alonso no renuncia a la continuidad. No son escenas inconexas. Pero también elegimos nosotros la conexión de estas. Un vaso puede pesar como el cielo y ser a la vez la vía de escape de alguien y el castigo de otro. Un único objeto nos conecta tres historias, que son la misma pero que son diferentes a la vez. Donde el mercado puede ser el pecado original y el bautismo purificante a la vez.

Y ese es nuestro mundo, cada vez más. Un amasijo de conceptos que se usan para liberarnos y para oprimirnos al mismo tiempo.

La memoria en ese mar de conceptos y confusión también aparece. ¿Es real lo que recordamos? Tal vez sea un recuerdo modificado que acomodamos para acercarlo a nuestro punto de vista actual. Pero ¿somos nosotros los que dulcificamos o endurecemos esas memorias o hay alguien más? O peor, algo más. El tema está en saber si lo hacemos libremente o influenciados. Querido lector y/o espectador, nuestro querido dramaturgo nos la ha vuelto a jugar. Decida usted.

Y sentimos esos susurros que nos hablan de lo que no nos decimos, de lo que no decimos. Susurros en un mundo desnaturalizado, donde los árboles ya no los vemos en el bosque. Donde los objetos, los seres, las personas han perdido su sitio. Son recortables e intercambiables como cromos infantiles.

Y ahí aparece la cosa más interesante del texto. El símbolo. La capacidad del símbolo de cambiar de significado. De ampliar sus fronteras, pero también de reducirlas y de perder extensión. Porque el mundo cambia. Porque se resignifica todo poco a poco (y a la vez rápidamente) y todo pierde su esencia para convertirse en otras cosas. Porque ese es nuestro tiempo. Carente de símbolos, de certezas, de memorias, de almas y de ritos ancestrales. Y como única solución Alonso nos propone la acción. En forma de elección. Las cosas (las dramaturgias) son lo que son. Pero ¿quiénes somos nosotros frente a ellas? A eso vinimos a este mundo. A entenderlo, a entendernos.

Quizás, si conseguimos entendernos algo, nos convirtamos en el susurro de otro.

Chaos Whispers In My Ear and Everything Falls Into Place

By Alonso Trenado

Translated by Toni Roberts

Note from the author

Don't take anything for granted.

Whoever speaks the words and whether the scenes are dialogues or monologues is at your discretion. The silences, pauses, rhythms, as well as the number of characters, are all up to you. The order of the scenes can be changed if you deem it appropriate.

I have come here to play. I hope that you do the same.

I Don't Want To

I slept terribly last night.

You slept badly?

Yes.

Right.

I woke up in the early hours and that was it.

Right.

Aren't you going to ask me why?

I guess. But I'd prefer not to talk about it.

You'd prefer.

I'd prefer, yes.

But…

I don't want to talk about it.

Right.

Okay.

Don't take it badly.

Leave it, seriously.

It's your right to make the decision.

It is.

What about me?

I don't understand. I'm the one being hurt.

I'll still know about it and I'll have to hide it from you.

But you won't need to keep an eye on me ever again.

Time

BEEP

The sun rises over a fluffy pink sofa in the middle of a park. She goes past and sits down.

Night falls.

BUZZZ

The sun rises over a fluffy pink sofa in the middle of a park and, lying down, she sleeps on it.

Night falls.

BEEP

The sun rises over a fluffy pink sofa in the middle of a park and, twisted round, she writes on the backrest.

Night falls.

BUZZZ

The sun rises over a fluffy pink sofa in the middle of a park and she gets up without knowing where she is exactly.

Night falls.

BEEP

The sun rises over a fluffy pink sofa in the park and the other woman comes in and wakes her up. She gets up and they leave.

Night falls.

BUZZZ

The sun rises over a fluffy pink sofa in the park and the other woman arrives, but there's no one there.

Night falls.

BEEP

The sun rises over a fluffy pink sofa in the park and the other woman is lying down.

Night falls.

BUZZZ

The sun rises over a fluffy pink sofa and the other woman reads what is written on the backrest.

Night falls.

BEEP

The sun rises over a fluffy pink sofa. She arrives and the other woman wakes up. They leave.

Night falls.

BUZZZ

Between a BEEP and a BUZZZ

BEEP

For example, what is this BEEP?

BUZZZ

For example, what is this BUZZZ?

BEEP

What is that BEEP and that BUZZZ?

BUZZZ

In reality, nobody wonders about such silly things. The questions are irrelevant.

BEEP

You don't understand, do you? How come nobody wonders about this?

BUZZZ

No one asks themselves. Everything exists between a BEEP and a BUZZZ.

Everything.

It doesn't matter what you think and, actually, it doesn't matter what we think.

Everything exists between a BEEP and a BUZZZ.

BEEP

Everything exists between a BEEP and a BUZZZ.

BUZZZ

There's nothing outside the BEEP and the BUZZZ.

Nothing.

Nothing.

Anguish, anxiety, despair.

Ego, agony, asphyxiation.

BEEP

You come here to forget.

BUZZZ

Well, you are going to forget.

Forget everything you have inside of you.

Between a BEEP a BUZZZ.

BEEP

And there will be nothing left.

BUZZZ

Do you see?

BEEP

BUZZZ

In truth nobody listens.

BEEP

In truth everyone talks.

BUZZZ

Everyone believes they have considerable problems when they are not between a BEEP and a BUZZZ.

Gigantuous problems.

Ptolemaic problems.

That's when the anxiety hits.

BEEP

That's when it fades.

BUZZZ

Outside of a BEEP and a BUZZZ everyone believes they're at the centre of the universe. That's why they come here, to get rid of the urgency.

There's nothing left between a BEEP and a BUZZZ.

Nothing will be left between a BEEP and a BUZZZ.

BEEP

Fading away between a BEEP and a BUZZZ so you can exist outside of it.

BUZZZ

Confusion is what's left.

Confusion is comfortable when it whispers that everything's falling into place.

The whisper is what's left.

BEEP

Don't think about it.

BUZZZ

That's not living. That's despairing. Don't think about it.

BEEP

In order to stop feeling this anguish you have to empty yourself.

And that only happens between a BEEP and a BUZZZ.

Great Pieces of Broken Glass

Lately, the sky has been blue in the mornings and, although it's cold, the truth is, it's nice to go out, even if I can't jump the wall, but to go out, and feel the sun on my face.

I sit on the ground, stretch my neck and close my eyes to warm my cheeks, my eyelids, my forehead, my lips. It's the great moment of the day.

Nobody gets close here. Nobody approaches anyone else. Maybe it's because they're afraid of the others or afraid of themselves.

I don't know how much longer I'll be stuck here.

You know those thick glasses with very detailed decorations? I love those heavy glasses in my hand. Those glasses that break when they fall and go from lovely to deadly in an instant.

Someone sweeps them up and leaves them in a corner.

In the sun, eyes closed, I dream about pieces of cornered glass.

BEEP

BUZZZ

I hope to get out soon.

Creative Department

Here you see a person.

A woman.

You see a young woman running.

She's running away.

Yes, she's running away.

What is she running away from?

She's running from monsters.

She's running from her nightmares.

Something more specific.

Glass.

Broken glass. Maybe.

A BEEP sounds.

A BEEP sounds and everything becomes nice.

Lovely.

Calm.

A BUZZZ sounds.

A BUZZZ sounds and she smiles.

She smiles while eating breakfast with her wife.

She's a lesbian?

We're open-minded.

We're open-minded.

They're two women who love each other.

We also introduce a man who smiles.

Fuck, a threesome, perfect.

A fluid relationship.

Poliamorous. Modern.

We're open-minded.

We're open-minded.

With two children.

A boy and a girl.

And a dog.

A beautiful Labrador.

A modern but classic relationship.

Traditional polyamorous. Fluid but not too much.

And religious.

With values.

A traditional polyamorous relationship, fluid but afraid of God.

Good people.

Not those peooople.

People who fuck more than one person, but respect traditional family values.

They are in a beautiful, quiet house with a window where the morning sun shines through.

And the music?

Heavenly.

But that you can dance to.

Heavenly and that you can dance to.

Bufff, I see it, amazing.

They all dance.

They dance and smile.

Nothing spoils their happiness.

Now a tracking shot through the window.

You hear our slogan.

And it appears in full screen.

Buah, that shit slaps.

What?

I love it.

We are the shit.

The Cord

They had already warned us. They lie to be alone. She will lie to be alone.

I was sleeping with her and this was the only thing I could think of.

A cord.

I kept repeating that it wasn't going to happen again.

A cord. A cord tied round our wrists throughout the night. A pretty cord so she wouldn't complain too much.

I don't know how long it had been since I last slept.

I needed to sleep. Think clearly. And the only thing I could think of was to buy a pretty cord so she wouldn't say no to me.

Tied together all night. Siamese.

I had already emptied the house of sharp objects, pills and rope before returning home; I was paranoid.

A cord and being able to sleep. Was all I needed.

And I fell. I was so exhausted that a hydraulic hammer in our bedroom couldn't have woken me up. I finally managed to have a couple hours of deep sleep.

A glass was all she needed.

The Market Consensus

The market consensus affirms that the masses want purring whispers to bury their unpleasant memories.

That's what the masses want. We're not the ones saying it, the market consensus says it which is like common sense.

Bullshit.

We don't need the market consensus to know that people want to live spotless lives.

Immaculate.

To carry on with their lives as if nothing bad had happened to them.

People are hilarious.

People are great.

People, the market consensus and common sense.

Hilarious.

And, because living as if nothing bad had ever happened to you is impossible, we sell the solution to something that can't happen but that people wish could happen.

Isn't it great?

It's great.

People want it? People believe it.

The market consensus agrees with us.

Common sense is on our side.

That's how the business works.

With dough you can buy our "immaculation".

A made-up-word that probably doesn't exist but that makes it clear what we mean.

But sooner or later you'll have another difficult moment and you're going to want to remove the stain again.

And we know it.

Beep. Buzzz. Whisper.

Sin problema.

Kein Problem.

Nessun problema.

Nes pas problem.

You come back here and we leave you immaculate again.

Beep. Buzzz. Whisper.

And so ad infinitum.

To infinity.

And on top of that you forget that you've already been here before.

We are the shit.

The shit.

People are the shit.

And the market consensus and common sense.

Everyone's the shit, but, most of all, we are.

What the consensus of people in the market doesn't feel is what we all have inside us, we all have it.

You have it.

You have it.

As much as “we immaculate” what was going on with you, we can’t “immaculate” what you are, mate.

Exactly, mate.

So you come back again and again and again.

BOOOM. The market, mate.

Bank notes and eyes with money signs.

I cry when I think that this is legal.

Anxiety

I don't know why I feel so worried.

Nothing gets rid of my anxiety.

Why must it have this victory?

I get in the car and I spend. Another bill arrives I can't pay, I get into work early so everyone sees me arrive. Another coffee.

I don't understand this muddy battlefield in which I'm losing my dignity, a little bit every day.

I'm a woman, there's not much else to say. The woman. The object in the history of men. The masculine justification for all violence dating back thousands of years before Helen.

Why do I feel this anxiety all the time?

I go to the gym and I take a photo of myself. Not this one. I take a photo of myself. Not this one. I take a photo of myself. Not this one. I take a photo of myself. Not this one. I take a photo of myself. I add a filter. I post it. I wait for the "likes". I wait for the comments. An anonymous person makes a flirtatious remark. Who do they think they are? I get scared. I delete the photo. I think: Who do they think they are? I post it again with a lengthy text about anonymous people who write inappropriate things on socials.

I masturbate. I feel bad later.

Anxiety is killing me.

A telephone operator calls me and she offers to erase small pieces of my memory so I feel good. Erase what's hurting me. Get rid of what makes me feel ashamed. Without side effects. A super safe process controlled by an artificial intelligence.

I agree to it. I tell her okay. I ask her how much. She tells me, on the contrary, it's they who will pay me, it's a very promising experiment.

I ask her if instead of erasing bits of my memory she can transfer my consciousness to my satisfyer. She laughs at the joke. She thinks I'm joking.

I ask her what would happen if I were no longer here. She replies that she doesn't understand.

Anxiety is eating me up. I'm not going to make it to the end of the month. I have to be well. I remember myself as a child. Like a shadow, going to an absurd school to learn anecdotes that the teacher learned by heart from another teacher who learnt them by heart from another teacher who learnt them by heart from a History book that tells history as though it were real as if we could say what really happened and it wasn't in fact an acceptable fiction we tell ourselves to live with who we are as a society, as a culture, as a nation.

It hurts being glued to a screen.

I ask the telephone operator again what would happen if-I-were-no-longer-here and, all of a sudden, chaos whispers in my ear and everything falls into place.

The Sofa

What are you looking at?

Um?

What are you looking at?

Ah! Ummmm!

Didn't you hear me?

Yeah. Yeah.

Okay.

Um!

Sure.

Sorry.

What are you looking at out the window?

The sofa.

The sofa. What's up with the sofa?

Ummmm. Nothing.

Okay. We'll leave it. Do you want a coffee?

Ummm.

Right.

Ummm.

I'm going to make a coffee. You stay there. I don't know. Looking.

There's someone on the sofa.

Right. And that's interesting.

Mysterious.

Mysterious?

Yes.

Aha.

Aha.

Aha.

It's mysterious.

It's mysterious why?

She was sitting down before.

We leave them on the sofa. They even lie down.

Right.

It doesn't seem that mysterious.

But she doesn't leave.

She doesn't leave?

No.

And what's she doing?

She's turned towards the backrest.

But, what's she doing?

She has something in her hand.

Something?

She's writing on the backrest with something, I think.

She's writing something the bitch. Fucking up the sofa.

Well.

Well?

Let's see.

Let's see?

Everyone wants to leave something of themselves behind for the future. A memory of themselves for when they no longer remember.

A memory on our sofa?

Exactly.

Every Time

Hello.

Hi.

Have you come to find me?

Of course.

I'm glad you came.

I'll always come.

I know.

What's that?

That? I don't know.

But you were looking at it.

I was reading it, yes. I don't know what it is. A sentence.

What does it say?

"Seconds before every mistake something whispers that everything's falling into place". It's difficult to read.

It's hard to write on a fluffy sofa.

Yeah?

I don't know. It looks like a note of desperation.

You think so?

Looks like it.

It's really hard to read.

It must be a few years old.

Sure. I don't know.

Seems that way. It looks like it's from a few years ago. Not too many, anyway.

I was thinking.

What were you thinking?

How did I get here?

Do you want a coffee?

Sure.

Let's go.

Thanks for coming.

I already told you. I'll always come.

The Whisper

Wouldn't you like to forget the bad things?

Only remember the good things!

Choose what your memory keeps and what to make disappear as if it had never existed.

Maybe forget what we are a little bit. Forget what we are.

Something of what we are and what terrifies us.

Forget what causes us pain.

Forget what's part of us but that hurts those we love.

Forget the shame we felt.

Forget and smile because you don't remember, but everything seems great. Have a soft drink and gaze at the walls without knowing what you're looking at. Content to just be, without anxiety and the urge to cry overcoming you until you're driven to fuck the first woman that goes by and later want to run away in disgust.

In the midst of the drama there are those who like to play. Amid your drama there are those who are imaginative and get creative. With a pair of ovaries.

For example, those people who come up with solutions for your drama. Those people spend hours and hours in an office thinking about what's going on with you without having a clue and looking for an easy solution which in truth definitely doesn't exist. Later they register it in the patent office, stick a label on it, calculate the price-demand elasticity, distribute it, make ads and pay influencers so you buy it.

Or those other people, friends, who mull over your drama talking behind your back about what's up with you without being able to intuit even a tenth of it. They talk about and make up what's happening to you, they recreate the scene, imagine the moment and the desperate messages. They become sad after inventing everything that's going on with you.

Also those people who write about what's wrong with you and won't even come close to what you're carrying inside you, because it's impossible. People who sing, people who paint. Artists recreating the moment. All very vibrant and melancholic.

And meanwhile, you don't want to see anyone. You want to forget who you are so you can try to keep going.

That's how the whisper works.

The whisper between the BEEP and the BUZZZ.

That's how it works and you will all want it too, if it were that easy.

Who Was First?

Babe.

Uhum?

We need to talk. Look. There are things I'm not telling you. I've started thinking and joining the dots and I'm really scared. Listen to me. All right?

I'm listening to you, but you're really freaking me out.

Are you hiding something from me?

Me?

I'm hiding things from you. Are you hiding things from me?

I don't know what you're getting at. Are you telling me that you're hiding something from me, but you're trying to elicit whether I'm hiding things as well? I don't understand it and I don't think I like it.

Just follow what I'm saying.

I don't follow, to be honest.

Okay.

I'm-hiding-things-that-are-important-for-you.

Go to hell.

No, look, stay with me. Babe. I love you. That's why I'm hiding things from you. Do you love me?

Why are you asking me that now? Stop fucking with me. Of course I love you. Is this a test? Are you testing me? I love you! I love you! Do you have doubts?

Listen, I'm going crazy. There are details that…

Details?

I've been going crazy for weeks. I know things about you.

What do you mean?

Listen carefully. Do you know things about me?

What?

Fuck, listen. What is it that we can't remember but the other person knows about?

OHOHOH

So. Alone.

Alone. Alone. Alone.

Alone, So low, loooooow.

So down and alone that you don't know what's above, and everything feels dark and crazy, so you only feel like being alone and crazy.

You pay for it and you stroke it. You stroke it.

You only stroke solitude when you're solo.

So low, shadow, swallow, hollow, glass, sparse, sorrow, below low, ohoh, oh, oh, ohohohohohoh, ohoh, oh, ooooh.

You collect the rubbish at your place and you hang out with the rubbish at your place and the rubbish fills your insides and it's a cave. And your place of rubbish is pricey and the pricey rubbish fills you up and have a long face.

The saddest face you've ever seen. Dumbfounded. The face of "Why am I experiencing this distress?"

The face of "I don't deserve it… or maybe yes".

And your rubbish talks to you and you talk to your rubbish. Disposable technological rubbish that will end up in a container destined for Africa within eighteen months thanks to the god of contemporaneity. The fleeting god who moves the world.

You show you have a heart thanks to the planned obsolescence.

To you god planned obsolescent father.

Thank you.

Thank you.

Because of you the world moves.

Because of you the world is planned.

Because of you the world moves and because of you there's a tomorrow.

Because of you.

Because of you who collects rubbish and hangs out with rubbish, ohohoh.

So alone, low, ohohohoh.

So Low, ohohohoh.

At home with all these objects that make your life easier, stupider, and they move your money through the known universe, until the event horizon.

Everything makes sense if you buy now, right this minute. If you don't buy it now you lose the chance to feel that you get hold of the world. The world that slips away, gets lost, that you don't have, that you can't touch. Every purchase at your door is a relief. Every call from the delivery diver marries you to the world that slips away. That slips away from you.

What do the trees matter? What do the forests matter if we have Christmas and fake trees and brightly coloured lights that consume an enormous amount of energy. Energy that comes from cutting down trees, entire forests, from polluting the water.

Water that we drink bottled in the end and is sold for one pound fifty making the companies that purify the water and supply the lights for Christmas trees millionaires —and some intermediary who connects the water people with the tree people and with the people from the council who buy thousands of Christmas lights.

You keep buying and looking at lights and thinking that the future doesn't exist and consuming thinking "my god the future of the children you don't have" while you buy and look at lights.

And everything makes you feel so empty.

And the air? What are we going to do with the air? Will we bottle it too? You ask yourself as you watch a series in which zombies are others in a near future where the water and air are poisoned and there aren't Christmas lights anymore.

Very often a whisper dispels the doubt to convince you everything's falling into place. A whisper that gets rid of that absurd alarm that doesn't let you consume in peace.

You want to buy a Chinese satisfyer.

Very cheap.

The problem will be for the Chinese. It's their water, their air and their forests. Fuck the Chinese who live in a communist dictatorship because they want to.

As if their oxygen wasn't the same as ours. As if they didn't live on the same planet.

You get the urge to cry and an impulse. A push. Something that wants you to do something atrocious. Something drastic. You can't put up with it anymore.

And it hits there. There it is. The whisper.

Like an automatic whip. Barely a BEEP and a BUZZZ that you won't remember.

“What was I thinking about?”.

And you click the buy button.

Protocol

Morning.

Morning.

Hello, morning.

Hello, I came for the whisper.

Yes, the whisper.

The whisper.

That's what it's called, isn't it?

The whisper.

Absolutely, the whisper.

The whisper, what a name, right? When you say it like that, it seems like something silly, I've come for the whisper, almost stupid. For a technically advanced treatment it doesn't seem very serious.

But we are very serious.

Yes, we are.

Whisper. Is that the reason for the message on the sofa?

The sofa.

People sit there just after the treatment, yes.

What message are you talking about?

I assure you we are very serious.

Seriously, we don't know what you are talking about.

Let's focus on the treatment.

You wanted a whisper.

You would like to erase.

No, I only want to get information.

Of course.

Of course.

Is everything erased?

No, not everything.

Of course, no, not everything.

Can parts be erased?

Certainly.

It is our speciality, we implant the whisper directly into your brain and it looks for the synaptic connections we indicate for it to deactivate.

It has an app.

It's controlled with an app?

Well, we can control it with an app, bear in mind that what you stop remembering will not exist. We control it at your request. You must sign the papers, of course.

We also erase the moment in which you give us all the information.

You won't remember it.

It is pure protocol. The company realised that the recipient would suffer terrible anxiety remembering that they came to get the whisper implanted, but not knowing what it was that they had chosen to forget.

It's better if you don't remember having come.

No one in your life will be able to talk about it either.

Of course.

Of course.

Of course.

The Valbosco protocol.

It's just a name, you will forget that too.

You will not remember coming to this clinic. You will not remember having thought about coming to this clinic, even.

Don't worry, it's a very simple procedure.

And, how much does it cost?

Three hundred pounds.

Three hundred pounds? That doesn't seem expensive.

It's not.

You won't make money like this.

The more clients there are, the better the business.

Three hundred pounds. Do you accept card?

No, cash is better, no one wants evidence that you have been here, do they?

That makes sense.

What do you want the whisper to hide?

Doesn't it erase it?

We say that it covers it, it's cheaper and less dangerous.

Is it called whisper because you hear… a whisper?

You will not hear anything.

Anything.

During the procedure everything will be relaxing in the room. You are going to feel exceptionally good. You are not going to feel anything. Not even a prick. You will fall asleep and will wake up on the fluffy pink sofa not remembering having been here.

As our slogan says: "Happiness between a BEEP and a BUZZZ".

A Fluffy Pink Sofa

Let us suppose that confusion is a soft fluffy sofa.

A fluffy sofa guarded by an army of insane penguins that would die for her.

In these circumstances nothing will stop her, I don't know if you follow.

She has a fucking army of adorable killer penguins to defend confusion! Do you understand?

That chaos! That soft fluffy pink sofa is her whole empire and she has penguins, for fuck's sake! Do you want reason and compromise and for her to think about the people she has around her?

You wouldn't let yourselves be led by reason if you were suffering and all that soft pink fluffy fabric engulfed you and there were hilarious animals all around telling you everything is all right. That you should do it. That it's what you have to do.

She doesn't want to leave there now. Why would she want to leave there?

She suffers because of the Arctic and because of dark alleyways and because of the + sign in the letters LGBTQIA and because of fucking haste and because of an orange-skinned president and because of the war and because of the oxygen and the water and because of mobile push notifications.

Mobile push notifications.

Push.

Push is to compel.

What are you saying?

Did you hear?

You?

No, the advert. Did you hear it?

No. What did it say?

A treatment. It's a treatment for what I've got.

What you've got. But you're better.

I think we should go.

Where?

They say you can forget. Forget whatever you want to forget.

Forget.

Forgetting would work for my thing.

I think you're well now.

You aren't listening to me.

I'm listening. Sorry.

If I were to forget, maybe I wouldn't want… Don't you want me to be well again?

Don't say that.

It seems like it.

No. I'm here. I'm always here. With you.

I want to forget.

Precisely because I love you, let me tell you what I think.

It's my life.

I know. I'm not trying to decide for you.

You won't. I want to forget so I get better.

Okay.

Don't try to manipulate me.

I'm not trying to manipulate you.

I want to forget.

Maybe you don't forget.

What?

No, I mean, maybe you don't forget.

Look. Why are you trying to fuck with me?

I'm not trying to fuck with you, sorry, I'm saying that maybe your memories won't be erased or, maybe, it's not as safe as you think.

But I want them to be erased.

I believe it's more like a whisper.

How do you know that?

I don't know.

You said “I believe”. “I believe”.

No. I don’t know.

“I believe it’s more like a whisper” Where did you get that from?

I didn’t get it from anywhere. It’s an assumption.

An assumption born out of nothing? It’s a very specific thing. You believe the treatment doesn’t erase memories. You believe it’s actually a whisper.

Maybe not. I don’t know. It was just a load of crap.

It wasn’t a load of crap. It was very specific. That word, whisper, it doesn’t just turn up, without warning in a conversation about a treatment to erase memories.

Leave it, all right. It was stupid. I could have said anything.

You know. You know what a whisper is. You don’t believe it. You know it.

Leave it.

Babe.

Leave it.

Babe.

Seriously, leave it.

Tell me something. How many times have we had this conversation before?

Push, I said.

Push Notifications.

Push is to compel.

Notifications that force her to constantly look at her phone.

Push. Notification. Push. Her girlfriend. Push. Her mum.

How do you expect her to think clearly in the midst of all this chaos?

You wouldn't. In fact, you don't. None of you think clearly, but you don't have the drive she has. That's what saves you.

In the middle of this constant confusion an intrusive thought unintentionally seeps through.

And the thing is it's not the first time, it's not the second time either, that this tourist thought passes by, but this time the sum is zero and the thought stays.

Push. Her neighbour.

She doesn't even realise, but it starts to be a comforting idea. Do you remember the fluffy sofa? She inadvertently leans back in that thought. It's not so bad after all.

Push. Her friend. Push. Her other friend.

And all around, almost unintentionally, the adorable penguins are already taking up arms to defend that fucking 4:48 in the morning thought, that bad idea, that starts to seem so liberating.

Push. Her friend again. Push. Her mum. Push. "Please. Pick up the phone. Please, darling, pick up the phone".

And, all of a sudden, that intrusive thought seems to her like a great idea to stop suffering.

You can't judge her.

It now adds up to hundreds of penguins with her, ordered by squadrons, all volunteering to die for that stupid idea. There won't be anyone to get her out of there.

BAM! CLONCK! SLASH!

And from that moment on no one around here is going to be able to sleep peacefully ever again. Not even with a cord around their wrist.

All our greatest mistakes are preceded by an idea. A single idea. The idea that everyone else is mistaken. The idea that we make everything fall into place. Until the final drop.

Bleak, eh?

Fucked.

Well.

There's still some hope. The hope that we're able to get up from the fluffy pink sofa and fight to the death against adorable penguins armed with nuclear heads, WEEEEEEEEEE, BOOM!, that cost a bomb and they fly, yes these penguins fly and they're funded by big pharmaceutical and finance corporations and extremely powerful pressure groups.

We're definitely not going to win that war, what do you want me to say, those bastard penguins are high as kites and quite annoying, but focusing on the struggle might leave anxiety to one side. Maybe, just maybe, with the struggle there's still the desire to keep going.

We've got to fight.

Fight.

FIGHT.

BEEP.

BUZZZ.

What was I saying?

CURTAIN

Índice

Chaos Whispers In My Ear
and Everything Falls Into Place

Este libro se terminó de editar en Granada
en febrero de 2026 por

www.aliarediciones.es
info@aliarediciones.es